AF542193

4° Q
4790
(2, 1)

BIBLIOTECA STORICA
ANDREA PONTI, FONDATA
IN RAVENNA 1897.

PARTE SECONDA
FASCICOLO I.

BIBLIOTECA STORICA ANDREA PONTI

CATALOGO ILLUSTRATIVO

DEI LIBRI FUORI

DI SERIE.

DON. N. 93597

PARTE SECONDA. FASCICOLO I.

CATALOGO ILLUSTRATIVO
DEI LIBRI FUORI DI SERIE
FASCICOLO I - 1897.

ACCANTO alla prima serie di libri che riguardano la storia universale, la Biblioteca Storica di Ravenna offre alle sue abbonate altri volumi, i quali in parte sono stati donati, in parte scelti dalla Direzione.

¶ Si è cercato d'indovinare il gusto delle lettrici: se non si è riusciti del tutto, la scelta fatta presterà argomento alle abbonate per esprimere il loro desiderio alla Direzione, e questa cercherà di compiacerle negli anni successivi.

¶ Seguendo il proposito espresso nello statuto, anche questi libri fuori di serie fissa, sono presentati con un catalogo illustrativo e accompagnati da una parola che li coordini a un pensiero superiore e più generale. Di alcuni volumi si è creduto utile fare un breve sunto; come per esempio dell'*Evoluzione Sociale* di Beniamino Kidd. Questo libro, comparso in Inghilterra pochi anni or sono, fu molto discusso e contraddetto, ma suscita sempre molte idee e tocca argomenti che in Italia di recente sono stati svolti da scrittori notevoli. A noi è parso opportuno di sceglierlo tra altri, che hanno maggiore profondità, perchè rende famigliari argomenti importanti della vita moderna che dovremmo conoscere e comprendere. L'attenzione una volta allettata, potrà facilmente approfondire e rendere duraturo e utile un primo movimento.

¶ Nella lotta per la vita, il Kidd [1] crede di poter provare con documenti suggeriti dalla storia che vinceranno i popoli, i quali hanno più vivo il sentimento religioso e più forti le qualità morali del carattere. Cosicchè nella grande gara per la civiltà non è l'intelligenza, ma il carattere che dà il sopravvento: e, conclude il Kidd, siccome le qualità del

[1] *Evolution Sociale* par B. Kidd.

carattere ed il sentimento religioso sono più profondi e tenaci nei popoli anglo-sassoni, questi necessariamente vinceranno. Davvero? Saremo dunque noi latini i condannati?

[1] *L'Europa Giovane* di G. Ferrero.

¶ Ecco il Ferrero, che nell'*Europa Giovane*,[1] libro d'impressioni raccolte girando l'Europa, confronta il carattere degli Italiani con quello degli altri popoli d'Europa, e la sua conclusione si avvicina molto a quella del Kidd. Il libro del Ferrero è l'opera viva di uno spirito acuto, indipendente, che eleva le questioni su cui posa la mano. Se alcuni suoi apprezzamenti paiono affrettati, se alcuni concetti prendono la forma di paradosso, poco importa per il valore del libro come specchio della mente che lo ha pensato.

¶ Da questo libro noi prendiamo argomento per ravvederci e per bene sperare; e raccogliamo le riflessioni da esso suggerite sulla nostra inferiorità morale, perchè, lungi dal toglierci coraggio, ci sieno anzi di stimolo a risorgere e a smentire queste medesime asserzioni.

¶ E deve ben essere così: altrimenti il riconoscere i propri difetti, che parrebbe cosa lodevole in paragone ad un falso patriottismo che li nega, diventa un facile compiacimento ed è piuttosto segno di malattia che di risanamento. — « Di certo (scriveva Francesco Nitti, lo storico, a proposito delle nostre miserie politiche, rivelatesi ultimamente cogli scandali bancari e giudiziari) la coscienza di essere in una vita di corruttela, e l'aperta e pubblica confessione di tale coscienza è condizione che rende più facile il risanamento morale della propria vita: ma non è però sempre segno sicuro ch'esso debba immancabilmente avvenire. Il risanamento segue soltanto quando il sentire e il confessare i propri mali è l'effetto di una reazione profonda, che si è formata nell'animo degli individui o nella società. E questa reazione deve poi essere profonda e vigorosa tanto da potersi trasformare in pratica attiva. Ma purtroppo il più delle volte la coscienza della corruttela e la reazione interna che ne segue, sono deboli e passeggere. La confessione aperta dell'individuo e il clamore grande della società durano ordinariamente più a lungo che non il sentimento che le ha prodotte e rappresentano più che altro un singolare pericoloso compenso psicologico che acquieta l'animo, diventando a sua volta nuova e forte causa a far perdurare uomini e società nella corruzione ».

¶ Ma tornando al libro del Kidd, del quale abbiamo già notato la conclusione, troviamo che incomincia col ritenere come uno dei caratteri più notevoli dello svolgimento moderno la tendenza a ravvivare il sentimento religioso; ond' è che si nota come un ribollimento nel seno stesso delle religioni e come una specie di preoccupazione nel campo scientifico.

¶ All' autore è parso che nel progredire della scienza sia stato trascurato il fenomeno religioso, al quale non è dato il valore reale oggettivo, che la scienza suole assegnare a tutti i fenomeni sociali. Egli pertanto, assegnando alla religione una importanza superiore in tutti i rispetti, si limita in questo libro a considerarla solo dal lato oggettivo in relazione col progresso umano. Come elementi di una società in progresso egli pone la *lotta per l' esistenza* e *la selezione*: bisogna fermare questo punto, che è il fondamento di tutto il libro.

¶ In qualunque società sono due istinti: l' istinto di conservazione dell' individuo e l' istinto di conservazione della specie. Per effettuare il progresso è necessario, che quest' ultimo prevalga; poichè appunto in questo istinto della conservazione della specie, si fondano i due elementi necessari al progresso, cioè a dire *la lotta* e *la selezione.* Ma tale istinto della conservazione della specie porta di conseguenza con sè il sacrificio dell' individuo per il bene della società stessa. Esso non può quindi essere aiutato dalla *ragione,* con la quale anzi si trova in contraddizione manifesta, poichè la ragione rifugge per natura sua dal sacrificio: e sarebbe molto difficile per mezzo della sola ragione persuadere gli individui a sacrificare la vita e gli averi per procurare ad altri un lontano vantaggio più o meno sicuro, senza neppure la speranza di vedere il frutto del proprio sacrificio.

℄ L' istinto della conservazione della società, respinto dalla ragione, deve dunque trovare il suo appoggio, la sua sanzione in una idealità superiore: e questa idealità superiore è appunto la religione.

℄ Infatti noi vediamo che lo spirito di sacrificio, così necessario all' umano progresso, è sempre avvivato, consacrato, glorificato dalla religione. Quindi si può dedurre che *una società si mantiene in progresso non tanto per lo svolgersi delle qualità intellettuali, quanto per lo svolgersi delle facoltà morali e soprattutto del sentimento religioso.*

℄ Il socialismo e l' anarchia, basandosi esclusivamente sull' istinto della conservazione dell' individuo ed aspirando alla felicità individuale immediata, sono, secondo l'autore, contrari al progresso. E tornando al suo proposito, che la ragione non può servire di base al progresso, dimostra che la ragione per sè consiglia sempre l' egoismo, e che hanno ben torto coloro, i quali credono che le dottrine socialistiche siano il portato di menti accese e squilibrate, mentre esse non sono che il prodotto legittimo e naturale della sana ragione.

℄ Bisogna riconoscere che tutti i sistemi, tutti i metodi, i quali hanno cercato nella natura reale delle cose una sanzione ragionevole per la condotta morale dell' individuo, non hanno avuto successo. I loro tentativi si oppongono alle dimostrazioni della scienza, perchè contrari all' esperienza della vita: così abbiamo visto cadere il positivismo, che nel nome stesso portava il segno della sua impotenza.

℄ L'oggetto della credenza religiosa nell'evoluzione umana è quello di fornire una sanzione superrazionale alla condotta dell' uomo rispetto alle condizioni necessarie al progresso: condizioni queste, per le quali, come abbiamo veduto, sanzione razionale non può esistere.

℄ Nella società presente sono però gravi mali, contro i quali lo spirito di conservazione dell' esistenza degli individui si ribella: non dovranno essere curati? A questo proposito l' autore nota che in una società la quale si mantiene in progresso, mediante *la lotta* per l' esistenza e la *selezione*, vi è sempre un certo numero di individui, che non sono neppure ammessi alla lotta, ma che lavorano e si sacrificano quasi inconsciamente per il bene degli altri.

¶ Ora il progresso consiste, non nel sopprimere la lotta con la quale si verrebbe a sopprimere il progresso stesso, ma nel chiamare entro il campo della lotta il maggior numero di persone, affinchè il maggior numero possa partecipare ai beneficî che dalla lotta derivano.

¶ L' autore nota che quando la gente che sta fuori della lotta si agita e tenta forzare il passo per entrare, quelli che se ne stavano asserragliati, entro il campo (della lotta) sono commossi da sentimenti altruistici ed aiutano essi medesimi gli esclusi ad entrare perdendo naturalmente una parte del bottino, che potrebbero guadagnare, come quello che deve andare ripartito fra un numero maggiore d' individui. Così di nuovo si verifica il sacrificio dell' individuo che cede una parte dei suoi agi per il bene della società.

¶ L' Inghilterra, secondo l' autore, è il paese dove tutte le barriere sociali sono state atterrate, dove tutti gli individui si trovano in condizioni pressochè uguali per muovere alla lotta. E venendo all' Italia, che più ci tocca, si può osservare che esistono ancora dei legami, i quali impediscono il libero concorso alla lotta per l' esistenza e lo scioglierli mediante la forza delle nostre istituzioni, sarebbe di grande vantaggio, poichè con ciò si disarmerebbe in gran parte il socialismo e legalmente, senza scosse violente, si verrebbe ad ottenere quanto di possibile i socialisti domandano.

¶ Prima di finire ci pare opportuno di avvisare e mettere in guardia chi legge contro ciò che a noi sembra un preconcetto dell' autore, il quale vuol considerare la religione protestante superiore a tutte le altre come fautrice di progresso. Su questo punto si è aperta in contrario una forte discussione; ma noi a ciò non abbiamo voluto fare che un semplice accenno, poichè abbiamo tenuto conto solo di quanto forma la sostanza del libro, cioè del fatto che il progresso umano si fonda massimamente sulla fede religiosa e sulle qualità morali che ne derivano.

¶ Edmond Desmolins col suo libro *A quoi tient la supériorité des Anglo-Saxons* [1] getta un grido di riscossa alla Francia. Raccogliamolo: profittiamone perchè molti avvertimenti rivolti ai Francesi possono valere per noi.

¶ Poche cifre dicono spesso più di molte parole. Il Desmolins comincia il suo libro citando alcune cifre tolte dalle statistiche ufficiali, e dalle quali risulta che il canale di Suez è stato attraversato in un anno da

160 navi francesi
260 » tedesche
2260 » inglesi.

¶ « Non basta » dice il Desmolins « udire tali cifre nelle aule parlamentari, leggerle nelle colonne dei giornali con odio verso una forza che ci schiaccia, bisogna guardare tali condizioni da uomini, che credono di poterle uguagliare, da scienziati che vogliono studiare il fenomeno esattamente, freddamente per conoscerne le vere cagioni. Si tratta di sapere il segreto di questo meraviglioso potere di espansione, di civiltà, e di conoscere i mezzi per raggiungerlo ». « E » continua l' autore « in tale possibilità di raggiungerlo o no, risiede una quistione di vita o di morte ».

¶ La meravigliosa grandezza dell' Inghilterra, che il Desmolins considera nella sua piena floridezza, a che tempo risale? Il libro di Leclerc [2] oltre che indagare lo stesso segreto, si ferma appunto sul tempo e sulle condizioni donde questa nuova grandezza ha preso le mosse. Esse sono ancora tanto vicine e sono tali da far fremere: le sorti dell' operaio inglese sembravano disperate nel 1842, e, nel 1843, Carlyle predice la guerra di classe. Non può credere che due milioni di operai prigionieri dei *work-houses* o della *poor-law*, con una così debole speranza davanti, non si rivoltino un giorno per rompere e travolgere tutto. A salvare la nazione non ci vorrebbe altro che una miracolosa risurrezione.

¶ Le profezie del veggente di Chelsea non si sono avverate: le classi dirigenti hanno visto il pericolo e l' hanno rimosso con dei provvedimenti vigorosi. Esse medesime si sono per prima cosa riformate, e, rese accorte dall'espe-

[1] *A quoi tient la supériorité des Anglo-Saxons* par Desmolins.

[2] *La société et les professions en Angleterre* par Leclerc.

rienza, hanno fatto che il miracolo sognato dal Carlyle divenisse una realtà.

¶ « Ed ora » così chiude il libro « la razza inglese è composta di uomini capaci di sopportare, di reggere, di promuovere ogni forma di civiltà: la razza inglese vive per l' avvenire, lo prepara, lo conquista. La Francia gode del passato e vive del presente: non ha ancora o forse non ha più, un superfluo di energia da spiegare in quelle ardite imprese, che sono il germe di uno svolgimento necessario. Ma l' esempio dell' Inghilterra trasformata in meno di due secoli, deve stimolare il nostro desiderio di rivaleggiare e la speranza di riuscire ». E per noi pure, sembrano scritte queste altre parole: « I tempi eroici sono passati: occorrono anzitutto delle virtù domestiche. Se vogliamo che l' edificio nazionale si allarghi e si elevi, se anche vogliamo solo che esso duri, bisogna che l' autorità si assida nella famiglia, e che lo spirito d' indipendenza nasca nel suo seno dall' esperienza vigorosa della vita ».

¶ Nel citare, ad esempio, gli Inglesi o altri popoli, non intendiamo spingere all' imitazione cieca, sia pure di cose ottime. Intendiamo solo richiamare l' attenzione sopra difetti e qualità, da togliere o da incoraggiare coi mezzi e nelle condizioni più adatte per noi. Per esempio, se insistiamo sulla educazione inglese non è coll' illusione che possiamo trasportare tra noi l' ordinamento dei collegi e delle Università d' Inghilterra, frutto di uno svolgimento secolare e di circostanze che non saranno mai le nostre: ma è piuttosto per notare alcune qualità a cui gli Inglesi danno grande valore, e che la loro educazione tende a formare deliberatamente, ponendovi speciali cure, come sarebbe il sentimento della responsabilità.

¶ Nelle nostre tradizioni colle nostre scuole e nelle famiglie, gli educatori possono rivolgere le loro cure a coltivare questo sentimento invece di annientarlo come si usa. Infatti gli Inglesi non sono arrivati a ciò che con grande lavoro e con successive modificazioni di metodi pensati e studiati. Gli effetti che oggi paiono qualità innate della razza sono in gran parte frutto di educazione e di studio.

¶ A questi volumi faccia seguito, *L' Italia presente e i suoi fati*, [1] pubblicato sotto il pseudonimo di Filippo Ottonieri. Con rapido sguardo l' autore scorre le nostre miserie politiche e sociali; e da queste ogni cuore di madre e di giovane, saprà intendere, come l' amore del paese le imponga dei doveri, soprattutto come educatrice, come persona che ha necessariamente influenza sull' ambiente che la circonda.

¶ « Siate meno improvvidi. Voi avete alti doveri da compiere e trascurarli significa esporre la società a gravi pericoli. Credere che tutto debba andare da sè, ritenere che la natura abbia dato a voi soli il diritto di comandare e di vivere, e che spetti unicamente alla Provvidenza di vegliare alla comune salvezza per assicurare a voi e ai vostri figli godimenti ed ozi è suprema follia ».

[1] *L'Italia presente* di Filippo Ottonieri.

¶ I libri del Wagner hanno avuto molta fortuna per le quistioni morali di cui trattano, per il senso alto della vita a cui si ispirano. Dal volume *Vaillance* [2] offerto alla Biblioteca colgo una frase che ne mostra l' intento. « Il dogma fondamentale della vita è di credere alla vita: l' eresia maggiore consiste nel mancare di speranza ».

¶ E per credere alla vita in mezzo agli elementi di sconforto, che la insidiano e che giungono fino ai giovani, valgano alcuni aiuti, che possono rianimare, come si rianima una persona, che camminando per stanze oscure, vedesse aprirsi improvvisamente delle finestre, che portano colla luce nuove visioni e più larghi orizzonti.

¶ Avviene a noi tutti di passare per giorni e giorni così in casa come fuori, dinanzi a oggetti, senza vederli: poi ad un tratto c' è chi ve li addita o noi stessi li scopriamo.

¶ Il Lubbock col suo libro *The pleasures of life* (Le gioie della vita), [3] si prova ad aprire qualche spiraglio di luce

[2] *Vaillance* par C. Wagner.

[3] *Le bonheur de vivre* par Lubbock.

e mostrare qualche visione che ci era sfuggita. Gioie della vita nel senso di apprezzare ciò che di bello e di buono, la natura e l'uomo pongono davanti a noi; gioia di vivere, nel senso di nutrire, ingrandire la propria personalità, non a danno degli altri, ma associandosi agli altri ed essendo utili a loro. Per il Lubbock la vita deve esser misurata non dal tempo, ma dal pensiero e dall' azione.

¶ Altri libri ci sono stati offerti: *La famille* di Gasparin [1] che studia la storia della famiglia e la sua influenza su la società, e *l'Educazione* [2] dello Spencer, opera apprezzata da noi pure, tradotta in tutte le lingue e in Francia stampata a spese dello Stato e gratuitamente distribuita a tutte le scuole. Nell' educazione bisogna incoraggiare, secondo lo Spencer, al massimo grado, il processo dello sviluppo da se stessi; l' educazione iniziata nella scuola, nella famiglia, deve farsi in parte per volontà e direzione propria e continuare tutta la vita.

¶ *L' educazione di sé stessi* [3] di John Stuart Blackie professore all' Università di Edimburgo, ci sembra un degno compimento al lavoro sopra accennato e lo raccomandiamo caldamente. Si intitola *Vade-mecum* dei giovani e degli studiosi e in Inghilterra ebbe la fortuna che non hanno tutti i romanzi celebri di giungere in breve alla ventunesima edizione. « Il valore dato ai libri » dice il Blackie « è spesso esagerato. Le sorgenti originali e proprie dell' istruzione non ci vengono dai libri, ma dalla vita, dall' esperienza, dal pensiero, dall' azione individuale. Quando un uomo entra nel cammino della vita preparato a questo modo, i libri possono colmare a lui molte lacune, correggere molte inesattezze, spiegare molte cose oscure; ma senza l' esperienza, questi aiuti sono come la pioggia e i raggi solari, caduti sovra un terreno non tocco ancora dall' aratro ».

¶ Tali parole sembrano a prima vista contraddire quasi alle intenzioni di una Biblioteca che si propone di diffondere la coltura e l' amore dei libri: invece non fanno che confermarle; poichè la nostra Biblioteca, chiamandosi Storica e proponendosi di presentare alle lettrici ogni libro

[1] *La famille* par le comte A. de Gasparin.

[2] *Educazione intellettuale, morale e fisica* dello Spencer.

[3] *L' educazione di sé stessi* di J. S. Blackie.

accompagnato da parole, che lo coordinino a una idea generale, mira a dar valore non tanto al libro in sè, quanto all' utilità che ne può trarre chi legge per la vita. La Biblioteca Storica vuole, col libro che è cosa morta, ricordare le sorgenti dalle quali ebbe vita e suggerire le nuove vie, per le quali possa scorrere ancora quell' umore vitale.

¶ Accanto all' educazione morale va posta l' educazione fisica. La responsabilità della propria salute, di quella dei nostri cari non solo, ma di tutti quelli che dipendono in qualche modo da noi. *L' igiene delle abitazioni* [1] di Pridgin Teale, illustrato, tradotto in tutte le lingue, è un libro molto efficace, che mostrando tutti i pericoli della ignoranza, della incoscienza in cui viviamo, insiste molto sul *dovere morale,* sulla responsabilità civile che ogni donna o uomo ha riguardo alla sua famiglia, alla società, responsabilità, che in particolar modo diventa necessaria quando si è dinanzi alle malattie trasmissibili.

[1] *Igiene delle abitazioni* di Pridgin Teale.

¶ *La difesa della società dalle malattie trasmissibili* del dottor Pieraccini [2] svolge gli stessi concetti sotto un aspetto particolare e propone dei rimedi per garantire la società. Se anche dissentiamo da lui in qualche punto, raccomandiamo tuttavia grandemente il libro nell' intento generale, che è quello di far sentire la responsabilità di ciascuno in tutti i rami della vita civile. E vi uniamo un ottimo volumetto sulle malattie infettive e il modo di difendersene del professore Minossi. [3]

[2] *La difesa della Società dalle malattie* di G. Pieraccini.

[3] *Le malattie infettive* del Dottor E. Minossi.

¶ *La depurazione dell' acqua e i pregiudizi contro l' acqua bollita* [4] ci sembra un argomento importante. Da tutti si sente parlare di innumerevoli malattie che provengono dalle acque contaminate e di rimedi radicali troppo lontani e troppo difficili. Gli studi d' igiene del noto prof. Bizzozero sull' acqua si rivolgono con parola popolare alle famiglie per suggerire loro il modo più semplice di provvedere subito e di salvarsi.

[4] *La depurazione dell'acqua* di G. Bizzozero.

¶ *La educazione geniale del corpo* di Jack la Bolina, [5] *Vita sana* di Maria Tommasi De Vito ci paiono qui opportuni toccando dell' igiene nel moto, nel giuoco, nelle abitudini

[5] *La educazione geniale del corpo* di La Bolina.

della vita. Molte giovani dopo aver sfogliato il libro della Tommasi,[1] lo troveranno così ricco di esperienze, di utili consigli, così prezioso per sincerità ed elevatezza di sentimento, che vorranno acquistarlo e porlo tra i libri più amici.

[1] *Vita Sana* di Maria Tommasi De Vito.

¶ Il piccolo volume *Guida per le infermiere*[2] porta seco una nobile storia. Una signorina inglese, affezionata al popolo italiano, ha voluto dedicarsegli nel momento in cui più soffre. Si è ritirata in uno spedale della Scozia per acquistare la scienza del curare i malati, e dopo un regolare corso di studi ha preso la patente, che le dà il diritto e l'autorità di frequentare gli spedali come infermiera. Ma poichè l'azione di una sola persona è poca cosa, per chi sente l'ispirazione di un apostolato, questa signora si è messa alla testa di una scuola d'infermiere da lei stessa fondata, col concorso di altri. Così a Roma, a Firenze, a Napoli, alcune giovani di buona condizione si sono sottoposte al tirocinio della sua scuola, trovando il maggiore aiuto nelle suore, con cui collaborano e da cui imparano, e tra i medici dello spedale che prestano gratuitamente l'opera loro d'insegnamento.

[2] *Guida per le infermiere* di A. Turton.

¶ L'intento della fondatrice è duplice: procurare una cura vigile e intelligente ai malati; elevare nel concetto della gente la professione d'infermiera, aprendo così un nuovo campo di lavoro a giovani educate desiderose di guadagnare la propria vita. Ricordiamo a questo proposito, gli articoli comparsi nell'*Ora presente*, anno I, pag. 131.

¶ E siamo liete che una abbonata abbia offerto alla Biblioteca i tre volumi che raccolgono i numeri di questa Rivista.[3] Per mostrare che in Italia è diffuso il desiderio del bene e che si cerca ogni modo per accoglierlo e adoperarlo, basterebbe la storia di questi volumi. Una conferenza di Paul Desjardins al Collegio Romano sulla necessità di riunire i desiderî, le aspirazioni vaghe a un fine di perfezionamento di sè e di miglioramento della società, fu il

[3] *L'Ora presente.*

primo movente che raccolse alcune persone. Qualunque sia l' opinione politica sociale e la fede religiosa, v' è un punto comune, l' idea del bene, che s' impone a tutti. Questa comune aspirazione può legare le persone a farle concorrere ad un nobile fine. Così è sorta una unione di persone e la Rivista,[1] la quale non rappresenta che la minima parte di molte opere utili e più estese svoltesi da questo primo nucleo di cose.

¶ Se la Rivista, per le ragioni esposte nell' ultimo numero, è cessata, l' Unione perdura e si propone di dare agli antichi associati dell' *Ora presente* qualche segno di vita inviando loro delle pubblicazioni, che valgano a conservare il vincolo che li unisce tra di loro.

[1] *L'Ora presente.*

¶ Una delle qualità che i Francesi notano in noi e che alcune volte ci invidiano, è l' amore locale, il sentimento del luogo nativo, che si manifesta in una certa attività della vita municipale. E gli Italiani che guardano il nostro avvenire con fiducia, sperano che questa ben diretta, non racchiusa in piccoli interessi e meschine tirannidi personali, valga a fermare e rinvigorire la vita dell' intero paese. Infatti, queste attività se rappresentassero l' utile svolgimento delle migliori energie sul luogo ove sono nate, invece di correre a maturare in un unico centro come in Francia, resterebbero a ravvivare le varie regioni, e da ciò l' Italia potrebbe trarre l' equilibrio e la efficacia di una forza naturale e bene distribuita.

¶ In Italia le tradizioni non sono state interrotte e travolte colla violenza con cui furono in Francia: in parte almeno, ci è dato profittare delle cose nostre, senza sentirci recisi dalle antiche radici, che sempre vive nel suolo, possono formare una più solida base di vita.

¶ Forse queste cose antiche o abitudini famigliari, o oggetti viventi per doppia vita, quella che vi poniamo servendocene, quella passata, che vi leggiamo, inconsciamente ci avvolgono, ci seducono e contribuiscono a dar valore a tanti piccoli paesi d' Italia. Le impressioni che ci rendono care quelle antiche cose allettando, ravvivando l' immaginazione popolare, non sono cagioni di povertà nè di impedimento alla vita moderna: possono e debbono accrescerla e intanto abbellirla.

¶ Non credo venga facilmente al pensiero che l' Inghilterra sia stata trattenuta nel suo cammino verso la civiltà dal grido di Old England (vecchia Inghilterra) col quale ha accompagnato da più di due secoli, ogni ardita e nuova impresa. Le canzoni con cui si addormentano i bambini oggi e che le piccole bocche ripetono con letizia, sono ancora quelle che si cantavano presso le culle dei secoli passati. Il pennello di grandi artisti si è compiaciuto nel tracciare dei capolavori di disegno per fermare quelle antiche immagini. E le feste tradizionali stringono ancora per un momento solenne intorno al focolare della famiglia i membri di essa sparsi per tutto il mondo.

¶ La gente nuova non disdegna le antiche memorie e vuole che esse consacrino gli splendori della loro casa sorta pure ieri e molte auguste, secolari dimore, possono accogliere anche oggi i discendenti di un' antica famiglia: la catena non s' interrompe, le virtù si succedono e mutando forma si piegano alle fatiche e al lavoro dei tempi.

¶ L' impressione di questo robusto ceppo su cui germogliano, pieni di fronde e di fiori, i rami nuovi, è data in modo singolare dalle città universitarie. Nessun senso di rovina tra quelle mura antichissime coperte di edera, tra quegli archi gotici e quelle guglie che si elevano sul cielo grigio di Oxford e di Cambridge. Gli edifici sorti nel 1300 servono ancora al medesimo fine per cui furono eretti: le medesime aule, quelle che, come Gladstone si provò a dimostrare, intesero la parola di Dante, risuonano pure oggi della voce dei maestri e i medesimi collegi raccolgono la gioventù. Si usano tuttora molti mobili e gli argenti di quel tempo: via via i complicati attrezzi necessari alle comodità della vita moderna si sono aggiunti e Giordano Bruno, il quale scriveva dei dottori di Oxford, come di persone scortesi e rozze, che avevano bensì le dita piene di anelli preziosissimi, ma che nei conviti non avevano a schifo di passarsi un unico orciuolo o bicchiere di cui descrive con particolari non ripetibili la luridezza, sarebbe oggi assai sorpreso davanti alla meticolosa pulizia e accuratezza delle loro abitudini.

¶ Anche noi abbiamo una vecchia Italia che può vivere colla nuova: ogni nostro piccolo paese, ogni nostra città possiede un' antica bellezza da amare, da rispettare. Al di-sopra di queste cose materiali si eleva da tutte le parti della penisola il nome di un' Italia ideale che fu sempre comune. Discordi, come erano gli Italiani, odiandosi, dilaniandosi, immiserendosi a vicenda, ogni tanto un fremito correva per la penisola a ricordare a tutti una comune origine, un fine comune.

¶ Il culto del passato negli uomini viventi del presente, dà la misura del loro intelletto, e così di un paese. Per questo, per vivere di più, per vivere meglio, amiamo le antiche torri accerchiate d' edera, le abbazie abbandonate che i nostri maestri adornavano, i giardini colle piccole aiuole di bossolo e le fontane adombrate dai lecci e dai cipressi: amiamo « le mura e gli archi » e le piccole case che il popolo industre dei Comuni fabbricava con amore affermando la nobiltà del lavoro.

¶ La nostra città di Ravenna è nota agli scienziati, ai forestieri, per i monumenti unici nella storia dell' arte, che il Governo protegge, di cui i musei raccolgono le reliquie. Ma si dimentica troppo che il fascino del nostro paese, sentito da noi inconsciamente, palese pei forestieri, consiste anche in una parte di bellezza pittoresca innestata alla vita, che ci viene dai resti di un passato meno lontano, combinati col paesaggio che li circonda.

¶ Che cosa si sentiva, che cosa si faceva, in quei palazzi del Seicento o del Settecento, che ammiriamo per la loro ampiezza e come ornamento delle nostre strade? E passano ignote case più piccole, ma piene di gaiezza nella eleganza delle loro linee, coi fregi intorno alle finestre, coi balconi di ferro rigonfi, che accoglievano le ampie vesti

di dame incipriate. Nei solai di queste case, tra le carte di archivi abbandonati, colla polvere sembra che si sollevino le traccie palpabili di quelle persone scomparse. E nasce quasi una pietà per questo mondo così vicino a noi nel tempo, così lontano da noi per gli avvenimenti che ce ne separano.
¶ L' immaginazione erra tra quelle graziose effeminate figure e ricerca sotto alla leggiadria dei loro costumi, che si manifestavano in versi pastorali, in canti e in suoni, le forze vigorose, le aspirazioni nascoste, che si incontravano nel silenzio armandosi e preparando i tempi nuovi. « Società strana » dice George Sand « che comincia con delle canzoni, si svolge nelle congiure, e finisce con delle idee profonde e delle rivoluzioni formidabili ».

¶ I romanzi [1] *Consuelo, Contessa di Rudolfstad* di George Sand, *Giuseppe Balsamo* del Dumas, le commedie del Goldoni « opere d'arte insieme e documenti del secolo XVIII » scelte e recentemente pubblicate dal Masi, i bei libri del Masi sulla società bolognese del tempo, sono volumi dilettevoli, che evocano tutto quel mondo. Aggiungiamo pure il *Settecento* di Vernon Lee, che prende a considerare la musica come l' ultimo fiore della grande arte italiana, che aveva già fiorito nel Rinascimento in tutte le altre sue forme.
¶ La poesia arcadica colle sue accademie e la musica vanno unite in quel tempo; paiono a prima vista forme futili, pure a quelle l' Italia ideale, che si muterà in Italia reale, deve molto, perchè in un momento in cui le cose dormivano e tutto era politicamente disgiunto e frantumato, quei versi e quei canti erano come dei fili che legavano le varie parti del nostro paese per un ultimo vittorioso risveglio.

1 Romanzi e studi sul Settecento.

¶ La storia dell' arte ha rivolto in questi ultimi anni una attenzione particolare sull' arte primitiva italiana, specialmente sulla pittura religiosa di Giotto e della sua scuola.
¶ La religione dominava ancora all' uscire del medio evo la fantasia e dirigeva i costumi, religione di ferro e di fuoco,

fatta per soggiogare uomini brutali. Le imagini rappresentavano il Cristo e i Santi in attitudini rigide, come di esseri lontani, pronti al castigo, inflessibili al perdono. Le porte delle chiese erano custodite dai geni del male, mostri orribili, scolpiti su tutte le forme e le pene dell' inferno e la minaccia di una condanna eterna pesavano sull' anima di tutti.

¶ Miseria, malattie e piaghe incurabili nel popolo, dovizia e cupidigia nei pochi grandi e soprattutto nella Chiesa. La natura era il simbolo del male, la bellezza dell' uomo, dei fiori, delle piante una insidia perenne e un' arte del diavolo.

¶ Un libro del Michelet, *La strega*, fa un quadro eloquente di una simile condizione di cose, in mezzo a cui è sorta una vera rivoluzione sociale e religiosa. San Francesco ne è alla testa, e, portandovi la dolcezza e il fuoco di amore, che il cristianesimo ebbe quando partiva dalle sponde ridenti del Giordano, seppe darvi forma serena e bella.

[1] *La Sorcière* di Michelet.

¶ La figura di san Francesco così grande nel suo tempo, così ben compresa da Dante, torna ora a rivelarsi nella sua pienezza apprezzata secondo nuovi criteri. Oggi, nonostante le molte miserie morali del tempo, pure si riconosce una grande superiorità in quegli uomini, che sanno rendersi indipendenti dalle cose materiali, per dare allo spirito la maggiore libertà e i migliori mezzi di agire. San Francesco, santo nel cuore, come grande nella intelligenza, volle appunto in un tempo di brutalità sensuale, che impediva la vita interiore, mostrare il modo per cui le cose materiali non uccidessero l' anima.

¶ Nel contrasto tra i grandi e i piccoli si schierò tra questi e colla veste dei poveri prese l' umiltà della loro vita: sposò la povertà e il dolore, ma accanto volle la gioia dell' anima, la speranza nel Cielo, la fratellanza degli uomini tra di loro e degli uomini colla natura. Da questa infusione di gioia, di pace cogli uomini e colla natura, è nata l' arte religiosa, che deve la sua nuova vita e la sua espressione a san Francesco.

¶ Ecco una delle ragioni principali per cui al tempo nostro si è ridestata l'ammirazione per san Francesco; lo spirito suo si insinua nella vita nostra benchè sia privo ora di quelle forme esteriori così ingenue e belle.

℄ Il libro del Gebhart, l'*Italie mystique*,[1] *San Francesco* di Sabatier[2] e del Bonghi,[3] dopo queste considerazioni possono forse attrarre le lettrici della Biblioteca; ad essi uniamo i *Fioretti di san Francesco*[4] come una delle fonti prime a cui quegli autori attinsero.

℄ Letti nelle scuole, come testo di lingua, non possono produrre grande effetto sui giovani, perchè lo spirito profondo non è loro facilmente accessibile attraverso le forme semplici e puerili del tempo.

[1] *L'Italie mystique* di Gebhardt.

[2] *S. Francesco d'Assisi* di Sabatier.

[3] *S. Francesco d'Assisi* di Bonghi.

[4] *I Fioretti di san Francesco.*

℄ L' Italia in questi ultimi anni ha contribuito allo svolgimento del romanzo moderno.[5] Il Fogazzaro, il D'Annunzio, il Farina sono letti e tradotti in tutta Europa. La Biblioteca offre alcuni dei più recenti romanzi:

— *Piccolo mondo antico* del Fogazzaro;
— *Vergini delle roccie* di D'Annunzio;
— *Galatea* del Barrili;
— *Cavalleria rusticana* del Verga;
— *Madonnina bianca* di Salvatore Farina.

[5] Romanzi italiani.

℄ Per desiderio di alcune abbonate, diamo le Conferenze *Sulla Vita italiana* tenute a Firenze in cui esse faranno conoscenza coi migliori autori della letteratura contemporanea.[6] E aggiungiamo i due bei libri del Nencioni,[7] *Saggi di critica inglese* e *Medaglioni*, e il lavoro così interessante sopra George Elliot[8] di Gaetano Negri.

℄ Questi studî daranno un valore particolare ai romanzi inglesi,[9] di cui offriamo una piccola collezione, avendo il romanzo avuto in Inghilterra una parte così nobile nella educazione del paese:

— *Vie et aventures de N. Nickleby* par Charles Dichens;
— *Verrà il giorno* di Miss E. Braddon;

[6] Conferenze di Firenze *Sulla Vita italiana.*

[7] *Saggi di critica letteraria inglese* di Nencioni; *Medaglioni.*

[8] *George Elliot* di G. Negri.

[9] Romanzi inglesi.

— *Per la fama* di Miss Braddon;
— *Sur la Falaise* par Miss Thackeray;
— *La passagère de l'Arastook* par W. Howells;
— *Silas Marner* par G. Elliot;
— *Contes de Noël* par Dickens.

[1] Romanzi russi.

[2] *Le roman russe* di E. M. Vogüè.

¶ Il romanzo russo ha avuto troppa grande influenza sulla letteratura moderna perchè insieme con alcuni romanzi [1] non raccomandiamo il libro [2] che li ha rivelati al resto dell' Europa venti anni fa, rimanendo ancora ciò che di più notevole è stato scritto sul soggetto:
— *Anna Karenine* di Tolstoi;
— *Mémoires d'un seigneur russe* di Tourguenieff;
— *Scènes de la vie russe* di Tourguenieff;
— *La sonata di Kreutzer* di Tolstoi.

[3] *Letture varie.*

[4] Romanzi e novelle francesi.

¶ Aggiungiamo alla nota altri libri offerti [3] e alcuni romanzi francesi recenti: [4]
— *Leggende di mare* di Jack La Bolina;
— *Una visita agli ossari di S. Martino*;
— *Alle porte d' Italia* di E. De Amicis;
— *Lettere famigliari inedite* del Prof. Mordani;
— *Epistolario* del Leopardi;
— *Vita di Cristoforo Colombo* di Francesco Tarducci;
— *In America* di E. De Amicis;
— *Una buona madre* di Caterina Franceschi Ferrucci;
— *La famiglia del soldato* di Luisa Amalia Paladini;
— *Racconti* di Rosalia Piatti;
— *Scritti* di Antonietta Pozzolini;
— *Nuovi Racconti* di Ida Baccini;
— *L' estate in montagna* di Raffaele Caverni;
— *La France littéraire* par Joseph Poerio;
— *Compendio della vita di G. C.* di Capecelatro;
— *Ernagora* di A. Baldacci, memorie di un botanico;
— *Scritti postumi* di Massimo D' Azeglio.
— *Il conte Rosso* di Giacosa;

— *Au gré des choses* par M.lle A. Gladès;
— *Ma grande* par Paul Marguerite;
— *Les Roches Blanches* par Ed. Rod;
— *Les voyageuses* par P. Bourget;
— *Un saint* par Bourget;
— *Le livre de mon ami* par Anatole France;
— *Le crime de Silvestre Bonnard* par A. France;
— *Jean d'Agrève* par E. M. de Vogüé.
— *Lettres de mon moulin* par A. Daudet.

¶ Il Viaggio di Nansen al polo,[1] per l' interesse scientifico, per il valore morale degli uomini che l' intrapresero, attirerà l' attenzione delle associate. La bella edizione ricca di numerose figure, ci avvicina a quelle inesplorabili regioni. Ma ciò che deve fissarsi nell' animo nostro è il pensiero dei pericoli corsi, della vita posta a cimento non per un istante fuggevole di entusiasmo, ma pazientemente per lunghi mesi, col fine soltanto di una curiosità dello spirito, di un interesse astratto, che non avrebbe mai procurato nessun vantaggio materiale. La grandezza di un popolo si può misurare dalla capacità di sacrificare così vita e pensiero a un' idea.

[1] *Tra ghiacci e tenebre* di Nansen.

¶ E siccome l'Africa non è più ormai un paese estraneo per noi, aggiungiamo qualche volume[2] sopra le regioni, che più ci debbono interessare, per il pensiero e il cuore che gli Italiani vi hanno messo.

[2] *In Abissinia* del Cardinal Massaia; *Nello Scioa* e *L'Africa italiana* di F. Martini.

¶ I libri *Sul Montenegro*,[3] *La madre del Re Galantuomo*, si legano ad avvenimenti recenti e lieti per noi Italiani, e siamo sicuri di soddisfare l' interesse più vivo delle

[3] *Il Montenegro* di Yriarte; *Dal Montenegro*, lettere di Mario Borsa; *La madre del Re Galantuomo* di G. Marcotti.

lettrici. Un breve sunto del Masi sulla Casa di Savoia [1] ci sembra un prezioso documento per avvalorare, con qualche conoscenza di fatti, le aspirazioni e la fede del sentimento degli Italiani. Da nessuno è stato rappresentata così rapidamente ed efficacemente la storia meravigliosa di questo piccolo principato alle porte della penisola, annidato tra i monti più aspri, in mezzo alle contese più vive, quasi a formare un nocciolo di forza e di organizzazione da svolgersi in tempi migliori. La Casa di Savoia temprata così dalle forti qualità della guerra, si accostava alla pace del lavoro, dell' industria nei Comuni della pianura, che rappresentavano la forza politica del popolo. Si preparava quindi ad assimilare le altre parti d' Italia, che via via dopo una vita gloriosa venivano decomponendosi e perdendosi in altre nazionalità.

[1] *La Monarchia di Savoia* di E. Masi.

❡ Le biografie hanno spesso l' attrattiva di un romanzo. Chiudiamo il catalogo di quest' anno coi libri seguenti che si rivolgono al nostro Risorgimento: [2]

— *Le ricordanze della mia vita* di Settembrini;
— *I miei ricordi* di Massimo d'Azeglio;
— *Memorie* del Duca di Castro Mediano;
— *Un homme d'autrefois* di Costa de Beauregard;
— *Giuseppe Pasolini,* Memorie raccolte da suo figlio.

[2] *Biografie del Risorgimento.*

❡ Questi libri sono in gran parte il racconto di molti dolori sofferti per una idealità che poi fu raggiunta. L' Italia per il sacrificio di molti ora scomparsi, è unita di fatto, ma troppo disunita ancora negli affetti e nei propositi e troppo infelici sono ancora gl' Italiani. La missione della generazione che si prepara, è precisa, e s' impone urgente: che l' Italia unita diventi vigorosa e forte per le qualità del carattere, per la educazione e per la coscienza in tutti, e specialmente nelle classi superiori, procurando così prosperità al lavoro ed agiatezza al popolo.

¶ « Istruire, moralizzare il popolo, accomodarlo di agi, dargli potenza politica, partecipazione al Governo, lo vogliamo tutti: nessuno ha il diritto di pretenderlo più e meglio degli altri, perchè tra noi non crediamo che vi sia più una parte che sia popolo e l' altra no. Siamo tutti un popolo: i pochi che fra esso ebbero prima a godere di quei beni, debbono con ogni studio cercare che si diffondano, che si spandano ». (G. Pasolini, *Memorie* cit.).

¶ I vari soggetti in queste pagine sono stati toccati fuggevolmente più per mostrare una intenzione che per trattarli adeguatamente, poichè la lettura dei libri deve in gran parte completare la parola che li presenta, e infine, perchè pure raccogliendo le novità che paressero opportune, il Catalogo negli anni successivi ritornerà ancora su questi medesimi argomenti.

Maria Pasolini nata Ponti.

CATALOGO DEI LIBRI FUORI DI SERIE.

PARTE SECONDA - FASCICOLO I.

Kidd Benjamin. *L'évolution sociale*, traduction de l'anglais. (Paris, 1 vol.).

Ferrero Guglielmo. *L'Europa giovane.* (Milano, Treves, 1897, 1 vol.).

Desmolins Edmond. *A quoi tient la supériorité des Anglo-Saxons.* (Paris, maison Didot, 1897, 1 vol.).

Leclerc Max. *Les professions et la société en Angleterre.* (Paris, Colin Armand, 1894, 1 vol.).

Ottonieri Filippo. *L'Italia presente e i suoi fati.* (Roma, Loescher, 1897).

Wagner C. *Vaillance.* (Paris, Fischbacher, 1896, 1 vol., edizione 11ª).

Lubbock. *Le bonheur de vivre*, traduction de l'anglais. (Paris, Bibliothèque de philosophie contemporaine, Félix Alcan, 2 vol.).

Gasparin (comte Agénor de). *La famille.* (Paris, Calman Levy, 2 vol.).

Spencer Herbert. *Educazione intellettuale, morale e fisica.* (Firenze, Barbèra, 1892, 1 vol.).

Blackie-John Stuart. *L'educazione di sè stessi. Vade-mecum dei giovani e degli studiosi*, trad. ital. (Roma, Società edit. Dante Alighieri, 1895).

Pridgin Teale. *Igiene delle abitazioni.* (Milano, T. Vallardi, 1 vol.).

Pieraccini G. *La difesa della società contro le malattie trasmissibili.* (Firenze, Bocca, 1895).

Minossi dott. E. *Le malattie infettive.* (Roma, Società edit. Dante Alighieri, 1894, 1 vol.).

Bizzozero G. *La depurazione dell'acqua.* (Milano, Vallardi).

La Bolina Jack. *L'educazione geniale del corpo.* (Roma, Soc. edit. Dante Alighieri, 1896).

De Vito-Tommasi A. *Vita sana.* (Roma, Loescher, 1897).

Turton A. *Guida per le infermiere.* (Roma, Società edit. Dante Alighieri, 1896).

Ora presente. *Periodico dell'Unione per il bene.* (Roma, Forzani e C., tip. del Senato, 1895-'96-'97, 3 vol.).

Sand George. *Consuelo.* (Paris, Calman Levy).

Dumas Alexandro. *Joseph Balsamo.* (Paris, Calman Levy).

Goldoni Carlo. *Scelta di commedie*, con prefazione e note di ERNESTO MASI. (Firenze, Successori Le Monnier, 1897).

Masi Ernesto. *La vita, i tempi e gli amici di Francesco Albergati, commediografo del secolo* XVIII. (Bologna, Zanichelli, 1888).

Vernon Lee. *Il Settecento in Italia.* (Milano, fratelli Dumolard, 1882).

Michelet. *La Sorcière.* (Paris, Calman Levy).
Gebhardt. *L'Italie mystique.* (Paris, Hachette, 1890).
Sabatier. *Vita di san Francesco d'Assisi.* (Roma, Loescher, 1896).
Fioretti di san Francesco. (Roma, tip. Vaticana, 1889).
Bonghi Ruggero. *San Francesco d'Assisi.* Studio. (Città di Castello, S. Lapi, tip.-edit., 1894).

Fogazzaro Antonio. *Piccolo mondo antico.* (Milano, casa editrice Galli, 1897).
Barrili Anton Giulio. *Galatea.* (Milano, Treves, 1896).
Verga G. *Cavalleria rusticana* (Milano, Treves, 1892).
Farina Salvatore. *Madonnina bianca.* (Milano, casa editrice Galli, 1880).
D'Annunzio Gabriele. *Le Vergini delle Rocce.* (Milano, Treves, 1896).

Conferenze di Firenze. (Milano, Treves):
Gli albori delle vita italiana. (1 vol.).
La vita italiana nel Trecento. (1 vol.).
La vita italiana nel Cinquecento. (1 vol.).
La vita italiana nel Seicento. (3 volumetti).
La vita italiana nel Settecento. (3 volumetti).
La vita italiana durante la Rivoluzione francese. (3 volumetti).
Nencioni Enrico. *Medaglioni.* (Firenze, Bemporad, 1897).

Nencioni Enrico. *Saggi critici di letteratura inglese.* (Firenze, Le Monnier, 1897).

Negri Gaetano. *George Elliot.* (Milano, Treves, 1891, 2 vol.).
Dickens Charles. *Vie et aventures de N. Nickleby.* (Paris, Hachette, 1894).
Braddon miss E. *Verrà il giorno.* (Milano, Treves, 1882).
Braddon miss E. *Per la fama.* (Milano, Treves, 1891).
Thackeray (miss). *Sur la Falaise.* (Paris, Hachette, 1894).
Howells W. *La passagère de l'Arastook.* (Paris, Hachette, 1894).
Elliot G. *Silas Marner.* (Paris, Hachette, 1896).
Dickens Charles. *Contes de Noël.* (Paris, Hachette, 1896).
Elliot George. *Le moulin sur la Floss.* (Paris, Hachette, 1894).

Vogüé E. M. (de). *Le roman russe.* (Paris, E. Plon Nourrit, 1895).
Tourguenieff. *Mémoires d'un seigneur russe.* (Paris, Hachette, 1897, 2 vol.).
Tourguenieff. *Scènes de la vie russe.* (Paris, Hachette, 1890).
Tolstoi Léon. *La sonata di Kreutzer.* (Milano, Fratelli Treves, 1891).
Tolstoi Léon. *Anna Karenine.* (Paris, Hachette, 1896, 2 vol.).

La Bolina Jack. *Leggende di mare.* (Bologna, D. Zanichelli, 1883).
De Amicis E. *Alle porte d'Italia.* (Roma, Casa editrice Sommaruga, 1884).
De Amicis E. *Una visita agli ossari di S. Martino e di Solferino.* (Bologna, N. Zanichelli, 1881).

Mordani Filippo. *Lettere famigliari inedite.* (Pesaro, Stab. tip.-lit. di G. Federici, 1880).

Leopardi. *Epistolario* raccolto e ordinato da PROSPERO VIANI. (Napoli, G. Sarassino, 1860).

Tarducci Francesco. *Vita di Cristoforo Colombo.* (Milano, Treves, 2 vol.).

De Amicis E. *In America.* (Roma, collezione Margherita, Voghera, 1897).

Franceschi-Ferrucci Caterina. *Una buona madre.* (Firenze, Successori Le Monnier, 1884).

Paladini Luisa Amalia. *La famiglia del soldato.* (Firenze, Le Monnier, 1884).

Piatti Rosalia. *Racconti.* (Firenze, Le Monnier, 1884).

Baccini Ida. *Nuovi Racconti.* (Firenze, Le Monnier, 1884).

Pozzolini Antonietta. *Scritti editi e inediti* con prefazione di E. FUÀ FUSINATO, edizione diretta dal prof. RIGUTINI. (Firenze, Stab. Ionhand, 1877).

Caverni Raffaele. *L'estate in montagna.* Nozioni di fisica. (Firenze, Le Monnier, 1884).

Poerio Joseph. *La France littéraire* depuis Pascal et Malesherbes. (Torino, G. B. Paravia, 1878).

Capecelatro A. *Compendio della vita di Gesù Cristo.* (Roma, Desclée Lefebvre, 1896).

Baldacci A. *Ernagora.* Memorie di un botanico. (Bologna, Zanichelli, 1897).

D'Azeglio Massimo. *Scritti postumi.* (Firenze, P. Barbèra, 1872).

Giacosa Giuseppe. *Il Conte Rosso*, dramma. (Torino, Casanova, 1880).

Gladès André. *Au grè des choses.* (Paris, Perrin, 1894).

Margueritte Paul. *Ma grande.* (Paris, Kolb, 1892.

Rod Eduard. *Les roches blanches.* (Paris, Perrin, 1895).

Bourget Paul. *Voyageuses.* (Paris, Alphonse Lemerre, 1897).

Bourget Paul. *Un saint.* (Paris Alphonse Lemerre, collect. illustrée, 1894).

France Anatole. *Le livre de mon ami.* (Paris, Calman Levy, 1897).

France Anatole. *Le crime de Silvestre Bonnard.* (Paris, Calman Levy, 1897).

Vogüé E. M. (de). *Jean d'Agreve.* (Paris, Armand Colin).

Daudet Alphonse. *Lettres de mon moulin.* (Paris, Bibliothèque Charpentier, 1 vol., 1897).

Nansen. *Tra ghiacci e tenebre.* (Roma, Voghera, 1897, 2 vol.).

Massaia (cardinale). *In Abissinia e fra i Galla.* (Firenze, tip di Enrico Ariani, 1895).

Massaia (cardinale) *Nello Scioa.* (Firenze, tip. Ariani, 1897).

Martini Ferdinando. *Nell'Africa italiana.* (Milano, Treves, 1896).

Yriarte Carlo. *Il Montenegro.* (Milano, Treves, 1878).

Borsa Mario. *Lettere dal Montenegro.* (Bergamo, Istituto di arti grafiche, 1896).

Marcotti G. *La madre del Re Galantuomo.* (Firenze, Barbèra, 1897).

Masi Ernesto. *La Monanchia di Savoia.* (Firenze, Barbèra, 1895)

Settembrini. *Ricordanze della mia vita.* (Tip. Antonio Morano, 1895, 2 vol.).

D'Azeglio Massimo. *I miei ricordi.* (Firenze, P. Barbèra, 1895).

Castro Mediano (duca di). *Carceri e galere politiche,* memorie. (Lecce, tip. Salentina).

Costa de Beauregard. *Un homme d'autrefois.* (Paris, Plon Nourrit, 1896).

Pasolini Pier Desiderio. *Memorie di suo padre.* (Torino, Bocca, 1887).

*Finito di stampare oggi
7 maggio 1898 nella
tipografia For-
zani&C. in
Roma*

✳

Signora Pregiatissima,

DON. N.° 93596

Voglia permettermi di mandarle alcuni miei opuscoli, che riguardano una istituzione sorta quest' anno a Ravenna, per la quale si domanda aiuto e consiglio.

L' epoca di transizione in cui si trova l' Italia porta il difetto della mezza coltura, che ha l' inconveniente di accumulare idee, senza concretarle e senza elaborarle: onde anche i buoni libri non trovano sempre il terreno pronto che li accolga.

Di qui una dispersione di forze, un inganno e una certa falsità di pensiero, che s' insinua in tutta la vita italiana. Falsità, che non solo travia l' intelligenza, ma abbassa il carattere -- perchè si è portati a giudicare senza averne la capacità, a non sapere misurare la fatica degli altri, ad afferrare soltanto i fatti superficiali, senza comprendere l' essenza intima delle cose e le relazioni che le congiungono. Così la nostra vita morale si riempie d' ingiustizia, si nega l' ammirazione sincera alle energie nascenti, al lavoro modesto e forte, e si alimenta invece una perpetua invidia per tutto ciò che ha valore e il mutuo compiacimento dei mediocri.

Uno dei mezzi che possono correggere i difetti della mezza coltura, è l' ordine, il metodo imposto al proprio pensiero. Come il corpo per vivere sano e per essere sollecito al lavoro efficace, ha bisogno di equilibrare e distribuire le varie sue forze, così la mente abituata a non disperdere i suoi pensieri, ma a raccoglierli, a indirizzarli ad un fine determinato, prende vigore e ogni suo giudizio rimane fermo e atto per un ulteriore lavoro.

Le persone di genio questo metodo l' hanno istintivamente: gli altri devono acquistarselo con uno sforzo di volontà. I Tedeschi, meno vivaci d' intelligenza di noi, prendono via via in ogni cosa il sopravvento e ci vincono in ogni ramo di attività pratica e intellettuale per il metodo che hanno imposto alla loro coltura. Sebbene in modo alquanto diverso, anche gli Inglesi devono gran parte della loro superiorità alle stesse qualità di disciplina che hanno introdotto nella loro educazione.

Da noi l'educazione e l' istruzione sono in mano del Governo: i difetti che già si cominciano ad osservare non possono essere corretti nè facilmente, nè prontamente. Tuttavia il Governo saprà e vorrà far meglio, se sarà spinto da una coscienza più illuminata dei cittadini medesimi. Per ciò anche le più modeste attività possono avere qualche efficacia e concorrere a promuovere una migliore e più radicale riforma.

Mossa da questi pensieri, incoraggiata e aiutata dalle persone che più amano la coltura in Italia e che si adoperano a diffonderla, ho istituito la Biblioteca Storica (che dal nome di mio padre ho chiamata Andrea Ponti) a Ravenna, mia seconda patria, informando la Biblioteca stessa a criteri che non sono stati ancora applicati, per quanto io sappia, nè in Italia, nè all' estero. Ho cercato di esporre questi criteri nelle pagine che precedono il Catalogo primo (Parte prima, Fascicolo primo).

La Biblioteca Storica vorrebbe offrire ogni anno due Cataloghi distinti: il primo formante una serie fissa di libri sopra un soggetto determinato.

Abbiamo scelto per l' anno 1897 una serie di libri sulla Storia Universale; alla quale si aggiungeranno via via altre serie sui seguenti soggetti:

Storia dell' Arte;

Storia particolare delle varie parti d' Italia;

Storia del nostro Risorgimento;

Storia delle varie nazioni di Europa e delle loro letterature;

Storia dell' Oriente antico;

Storia dell'America e delle civiltà del Nuovo Mondo;

Storia dell' Economia politica;

Storia della Beneficenza;

Una serie di romanzi che rappresentino lo svolgimento di questo genere letterario in Italia e sieno riflesso della vita dei tempi in cui furono scritti;

Storia delle dottrine e dei sistemi pedagogici.

Il secondo catalogo vorrebbe offrire ogni anno un numero di libri fuori di qualunque serie o soggetto prefisso: libri di semplice diletto o di facile lettura sulle quistioni del giorno, epistolari, memorie biografiche, viaggi, novelle, storia, igiene, ma tali libri verrebbero presentati dal Catalogo con una parola illustrativa che li coordini a un pensiero generale e che indichi la ragione per cui furono scelti. Si vuol tentare così di far giungere anche nei paesi remoti una parola sulla coltura del giorno: facendo risparmiare tempo a chi legge, impedendo forse l' accumularsi di letture fatte a caso, che riescono naturalmente di poco profitto.

Io spero che non si vorrà trovare inopportuna la scelta del nome col quale s' intitola la Biblioteca Storica: perchè se esso ricorda una persona cara alla fondatrice, ricorda pure un uomo non ignoto, il quale seppe rendere più efficace il sentimento della patria portato dalle vicende dei tempi, occupandosi tra i primi all' attuazione di sentimenti tutti moderni, e aiutando non solo la beneficenza, ma anche ogni forma di cultura.

La Biblioteca Storica risponde a una esperienza mia, la quale io ho cercato di spiegare nelle *Considerazioni sulla Storia*, che unisco ai due Cataloghi della Biblioteca Storica.

E mi permetto di ricordare questa esperienza soltanto perchè il fatto vissuto e presentato come tale sembra che qualche volta conforti e aiuti dippiù della semplice idea astratta.

In mezzo all' attrattiva e alla curiosità di uno studio, occorre forse a molti come è occorso a me, di trovarsi fermati da un ostacolo, da una interruzione di pensiero, che tiene l'animo sospeso, incerto della via da prendere. E si sente il bisogno di una guida ordinatrice. E se pare di averla in qualche modo trovata, nasce il desiderio di far parte ad altri della propria inquietudine e dell'aiuto che ci è stato largito.

Già sarebbe un aiuto, un acquisto prezioso (anche quando non si riesce a formare delle cognizioni estese ed ordinate), quello di sentire i vari punti dove manca il terreno, dove le idee si confondono, e la via diritta sembra dileguarsi. Allora, invece di andare avanti alla cieca si può fermare il passo, guardarsi intorno, prendere conoscenza della via smarrita, sgombrarla, assodarla se è possibile, oppure abbandonarla per un tratto riprendendola più in là dove ritorna accessibile.

Non ci sembra di dover rispetto e fiducia a chi dice: « Qui mi fermo: questo non so; tale altra cosa non capisco o non comprendo ancora »?

Ma l' Italia è un paese così povero, che uscendo dalla scuola, dove tutto è concesso gratuitamente, i mezzi per continuare la propria coltura sembrano costosi anche alle famiglie, che passano per agiate. Di qui il poco leggere che si fa in Italia, il tagliare accuratamente appendici di giornali per farne l'unico pascolo dell' intelligenza: si contano le famiglie che mettono nel loro bilancio la spesa dei libri.

Ma la quantità di libri mediocri allaga; bisogna andar cauti nell' acquistarli. Ogni istituzione (e ne vanno sorgendo in Italia) che inviti lo spirito alla scelta di quello che gli è utile e glielo conceda con dei minimi mezzi, potrà essere di grande vantaggio. I paesi più colti e più ricchi del nostro deplorano l' inondazione dei libri mediocri e cattivi e tentano di liberarsene. Noi, arrivando più tardi, potremmo forse guadagnar tempo evitando, almeno in parte, questo male.

E ci siamo rivolte alle giovani, perchè esse cominciano ad avere in Italia una certa coltura e sono quelle a cui spesso è dato tempo ed agio. Esse coltivando la propria mente, abituandosi alla scelta, a una certa squisitezza di pensiero e di consuetudini formeranno intorno a sè un ambiente migliore tanto nella propria famiglia, che in quella che saranno chiamate a creare.

Per quanto si sia posto mente a scegliere libri, che convenissero a giovanette, non si è potuto dimenticare le giovani più mature e maritate, le quali hanno naturalmente idee e scopi alquanto diversi: quindi non s' intende di sostituire pienamente chi vigila la lettura delle fanciulle e può avere criterii propri e rispettabilissimi.

La Biblioteca Andrea Ponti ha incontrato simpatie, ed a Bergamo ne è stata fondata una consimile, come si può osservare dallo Statuto qui unito. Sarà accolta favorevolmente anche altrove? Si sentirà il desiderio di istituirla? Si troveranno i mezzi necessari?

Ma dove non sia possibile farla sorgere, quelli che ne approvano l' idea potrebbero valersi delle Biblioteche comunali ormai diffuse anche nelle piccole città d' Italia le quali possederanno quei volumi in parte e in parte potrebbero acquistarli dietro richiesta e così renderli accessibili.

Il Catalogo anche solo vorrebbe essere una Guida: per cui saremo liete di metterlo a disposizione di chi ne faccia domanda, rivolgendosi alla Direzione della Biblioteca Storica Andrea Ponti (via del Corso Giuseppe Garibaldi, 59, Ravenna).

Maria Pasolini nata Ponti.

Da Roma — marzo 1898.

Tipografia Forzani & C. in Roma
*

www.ingramcontent.com/pod-product-compliance
Lightning Source LLC
La Vergne TN
LVHW010007230826
846092LV00002B/686
* 9 7 8 2 3 2 9 6 5 6 8 9 2 *